Der fröhliche Gaukler Gottes
Pater Ivan Peran

BERNARDIN ŠKUNCA

Der fröhliche Gaukler Gottes *Pater* Ivan Peran

2. unveränderte Auflage

Franjevački provincijalat - Zadar
Patris Verlag - Vallendar

Der fröhliche Gaukler Gottes
Pater IVAN PERAN
2. unveränderte Auflage

Herausgeber:
Franjevačka provincija svetog Jeronima u Dalmaciji i Istri
Trg sv. Frane 1 – 23000 ZADAR
Patris Verlag GmbH
Höhrer Str. 109 – D-56179 Vallendar

Für den Herausgeber:
Andrija Bilokapić
Rudolf Ammann

Gestaltet von: Bernardin Škunca

Übersetzung auf Deutsch: Tomislav Zelić

Graphik:
Florijan Škunca
Nikolina Tesla, Denona d.o.o.

Photos auf dem Buchdeckel:
* Pater Ivan Peran während des Spaziergangs auf Košljun
* Orgel in der Kirche von Košljun (1908)

Druck: Denona d.o.o., Zagreb – 2015

ISBN 978-3-87620-420-8 (Patris Verlag)
ISBN 978-953-7201-07-4 (Provincija Franjevačka)

CIP zapis dostupan u računalnome katalogu Nacionalne
i sveučilišne knjižnice u Zagrebu pod brojem 851830

VORWORT

Zur Veröffentlichung dieses kleinen Buches über den Diener Gottes Pater Ivan Peran, hat uns der zehnte Jahrestag seines Übergangs aus dem diesseitigen Leben in die ewige göttliche Welt veranlasst. Einen weiteren Anlass zu dieser Veröffentlichung gab uns die Verlegung der sterblichen Überreste des Franziskaners von der klösterlichen Grabstätte in die Kirche auf der Insel Košljun. Außerdem erleben wir dies als ersten Schritt zu einer neuen Beziehung zu Pater Ivan Peran, denn die Verlegung der sterblichen Überreste einer Person in eine Kirche verdeutlicht die Bedeutung dieses Menschen, hebt seine Persönlichkeit hervor und bestärkt uns in unseren Bemühungen um die derzeit bereits laufende Seligsprechung des Gottesdieners.

Neben dem kurzen Lebenslauf stellt dieses kleine Buch vor allem die persönlichen Reden des Dieners Gottes vor. Es war unsere Absicht, dem Leser Gelegenheit zu geben, die geistliche Welt und den Glauben, die Mühe und Sehnsucht, Freude und Hoffnung, Authentizität und seelische Schönheit eines ehrlichen Franziskaners und Geistlichen, des Gauklers Gottes, der Pater Ivan Peran wahrlich war, zu berühren und nachzuempfinden. An zwei Stellen hat unser Diener Gottes die Tiefe seiner Berufung und Sendung zum Ausdruck gebracht: in seinem *Tagebuch* und den *Gefängnismemoiren*, die er während seiner Haft geschrieben hat. Nach den Aussagen seines *Tagebuches* und den Auszügen seiner wichtigsten Gedanken in den Computer, einer Aufgabe, die Renata Jukić, Sekretärin im Verfahren zur Seligsprechung des Dieners Gottes, mit viel Fleiß geleistet hat, sind wir nun imstande, eine Auswahl von Pater Ivans anregenden, geistlichen Gedanken in diesem Büchlein zu veröffentlichen. Die Gefängnismemoiren haben wir bereits unter dem Titel *Mit Christus bis in den Tod* veröffentlicht. Daher war es leicht, den Franziskaner anhand einer Auswahl aus diesen beiden äußerst persönlichen Quellen vorzustellen.

Wir sind der Überzeugung, dass sich jeder wohlwollende Leser, der sich anhand der oben erwähnten Texte ein deutliches Bild des Dieners Gottes machen kann sich wünschen wird, ihn noch besser kennenzulernen und mit ihm im Glauben an Jesus Christus durch das Leben zu gehen, denn Pater Peran lebte aus seinem Glauben und wirkte durch seinen Glauben. In seinem Glauben empfand er die Fülle und Freude des Lebens.

Mit der Veröffentlichung dieses Buches in vier Sprachen (Kroatisch, Englisch, Deutsch und Italienisch) möchten wir, dass Gläubige und Ungläubige, die nicht aus Kroatien stammen und die Insel Košljun besuchen – und derer gibt es viele –, die vielgestaltige Persönlichkeit des Paters mit seinem heiligen Lebenslauf kennenlernen. Außerdem erinnern sich viele Gäste an ihn als einen begeisterten Führer über die Insel und einen fröhlichen Bruder aller Menschen.

KURZER LEBENSLAUF

Pater Ivan Peran, getauft auf den kroatischen Namen *Srećko* (dt. Felix), wurde am 25. Juni 1920 in Kaštel Stari bei Split geboren. Nach dem Besuch der Grundschule in seinem Geburtsort absolvierte er die unteren Klassen der Mittelschule in dem franziskanischen klassischen Gymnasium auf der Insel Badija in der Nähe der Insel Korčula. Nach einem einjährigen Noviziat auf der Insel Košljun im Jahre 1937/38 trat er dem Franziskanerorden bei, in Dubrovnik schloss er seine Ausbildung in der Mittelschule ab, in Split und Dubrovnik legte er das Studium der Theologie ab und empfing 1943 die Priesterweihe. Im Herbst 1946 wurde er als junger Mönch und Priester in das Heer des neu entstandenen kommunistischen Staates Jugoslawien einberufen und alsbald gemeinsam mit dreizehn weiteren Beschuldigten auf denunziatorische Art und Weise staatsfeindlicher Tätigkeit bezichtigt. Am 23. September 1947 wurde er zum Tode durch Erschießung verurteilt, danach begnadigt und zu fünf Jahren Einzelhaft verurteilt. Nach Absitzen der Gefängnisstrafe und zusätzlicher Wehrdienstleistung (1954-55) lebte er in seiner restlichen Zeit als Mönch und Priester im Eifer seines Glaubens. Er wurde Erzieher junger Franziskanermönche, Kirchenmusiklehrer, einfallsreicher Komponist und Chorleiter (in Dubrovnik, Split, Zadar

und Rijeka), immer ein fröhlicher Verkünder des christlichen Evangeliums, oftmals per Anhalter auf Reisen und überall in der franziskanischen Mönchskutte unterwegs, Leiter der franziskanischen Ordensprovinz des Hl. Hieronymus mit Hauptsitz in Zadar, Fremdenführer auf der Insel Košljun, wo er sich mehrmals länger aufhielt, bevor er dort in seine letzten Lebenszeit den größten Teil

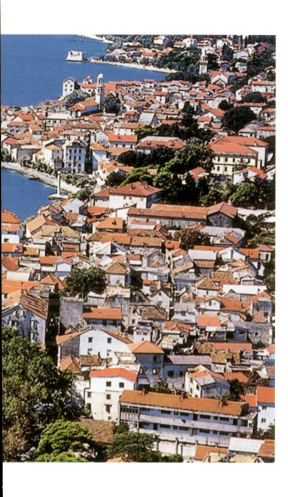

*Kaštel Stari bei Split,
Geburtsort von P. Ivan Peran*

seines Wirkens als Mönch und Priester verbrachte. Neben geschäftigem und begeistertem Wirken in seinen mönchischen und priesterlichen Aufgaben und Pflichten zeigte Pater Ivan Peran eine vielgestaltige schöpferische Kreativität, jedoch immer, um den christlichen Glauben im Geiste des Hl. Franziskus von Assisi zu bezeugen und zu verkünden. Die Evangelisierung durch die geistliche Musik – in der bereits erwähnten Rolle als Chorleiter, Kirchenmusiklehrer und Komponist – kennzeichnet Pater Ivans Leben auf besondere Art und Weise. An dieser Stelle sei gestattet, seine wichtigsten veröffentlichten musikalischen Werke wenigstens kurz zu erwähnen: eine Messe in altslawischer Sprache unter dem Titel *Die Hirten singen dem kleinen Jesus* (Košljun – Ljubljana, 1962), eine Volksmesse in kroatischer Sprache unter dem Titel *Preiset Maria* (Košljun – Ljubljana, 1965), die *Kroatische Messe für Verstorbene* (Košljun – Ljubljana, 1966), die Kroatische Volksmesse *Jubilaris* (Zadar, 1976) und *Acht Volksmessen für das liturgische Jahr* (HILP, Zadar 2001). Das musikalische Werk von Pater Ivan wurde in einer großen musikalischen Monographie gewürdigt, die unter dem Titel *Pater Ivo Peran, Franziskaner und Musiker* unter der Herausgabe der Musikologin Frau Dr. Marija Riman (Zadar, 2004) veröffentlicht wurde.

Seinen schöpferischen Geist hat Pater Ivo ebenso fruchtbar in prosaischen und lyrischen Schriften ausgedrückt. Er verfasste Erzählungen, Mediationen, Rezitals, Reiseberichte, Memoiren, kritische Essays, Verslyrik und einen Roman. Von dem bisher Veröffentlichten ist anzuführen: *Mit Christus bis in den Tod,* autobiographische Memoiren über die Wehrdienstzeit, das Todesurteil und den Gefängnisaufenthalt (Zadar, 2002*), Die kleine Blume aus Istrien* – Pater *Bernardin Tomašić*, Roman (Zadar, 2003), *Das Geheimnis betrachtend*, Sammlung von Verslyrik und Mediationen (Matica hrvatska Kaštela, 2008), Schauspiel über den Gaukler Gottes, dramatische Schaustücke und Rezitals (Glas Koncila, Zagreb 2009), *Das Heilige im Herzen*, Aufzeichnungen von Reisen und Wanderungen (Glas Koncila, Zagreb, 2012).

Außerdem sollte hervorgehoben werden, dass sich in seinem Nachlass eine bedeutende Anzahl von Texten befindet, darunter *Liturgische Meditationen für den Alltag* sowie die Handschrift *Tagebuch,* an der er über einen Zeitraum von dreißig Jahren bis an sein Lebensende tagtäglich arbeitete. Als neugieriger Geist hat er wichtige und weniger wichtige, jedoch immer bedeutende Ereignisse aus der Klostergemeinschaft, aus der katholischen Kirche und aus der Welt der Politik vor allem während des Kroatien-Krieges 1991-1994 vermerkt sowie aus dem Sport, der Meteorologie, usw. All das bewertete er dabei – mehr oder minder – allzeit im Geist der christlichen und franziskanischen Grundsätze und Heimatliebe.

Ein solch dynamisches, kreatives und geistreiches Mönchsleben konnte nicht unbemerkt bleiben. Pater Ivan Peran zog nicht nur die Aufmerksamkeit der kirchlichen Öffentlichkeit auf sich, sondern auch die der breiteren gesellschaftlichen. Ihm wurden mehrere örtliche und staatliche Auszeichnungen verliehen. In verschiedenen Printmedien wurden bedeutsame Gespräche mit ihm veröffentlicht, und er wurde mehrmals gebeten, im dokumentarischen Fernsehprogramm aufzutreten. Es wurden zwei Kurzfilme über

*Inseln Košljun mit dem Franziskanerkloster,
wo P. Ivan Peran am längsten gewirkt hat*

ihn gedreht (*Herzlich Euer* und *Noten auf dem Sack*). Über Pater Ivan wurden mehrere informative Faltblätter veröffentlicht sowie fachliche Aufsätze und populäre Biographien, das Buch *Der fröhliche Bruder aller Menschen* (Pater Bernardin Škunca, Košljun – Zadar, 2007), ein größere authentische Biographie, ist in Vorbereitung.

Pater Ivan Peran war bis zu seinem Lebensende tief mit dem Glauben an Christus erfüllt. Am Ende seines irdischen Weges hat er mit viel Geduld die Last des körperlichen Sterbens ertragen. Er verstarb am 14. September 2003 in dem Franziskanerkloster auf dem Poljud in Split, wohin er aus dem Krankenhaus in Rijeka verbracht worden war in der Absicht, ihm gute ärztliche Versorgung zu spenden. Nach begeisterter Hingabe an Jesus Christus – im vollen und halben Bewusstsein – und in warmer Danksagung an alle, die ihn in seinen letzten Tagen liebevoll umsorgt haben, verließ er diese Welt seelenruhig, während seine Klosterbrüder und Pflegerinnen den Rosenkranz der Heiligen Jungfrau Maria an seinem Sterbebett beteten. Die Bestattungsfeier wurde auf der Insel Košljun gehalten. Zwei Bischöfe, etwa 150 Priester, zahlreiche Nonnen und viele gläubige Christen haben allein mit ihrer Teilnahme und einige von ihnen mit ihren Worten bezeugt, dass ein Mönch und Priester nach einem heiligen Leben gestorben sei. Im April 2010 wurde vor dem erzbischöflichen Ordinariat in Split das Verfahren zu seiner Seligsprechung eröffnet.

Versucht man den gesamten Lebensweg des Pater Ivan Peran zusammenzufassen, so könnte man sagen, dass er durch wunderbare göttliche Vorsehung zum Franziskanerorden kam und man ihm den Ruf vom „Gaukler Gottes" zugesprochen hat, wie man den Hl. Franziskus von Assisi gerne nannte. Das wahrhafte Spiel vor dem göttlichen Angesicht zu spielen, authentisch, ohne Täuschung und Schauspiel, das war die Lebensart von Pater Ivan: in der Geistlichkeit und im Gottesdienst, in der Beschäftigung mit Musik, beim Verfassen von Schaustücken, Prosatexten und Poesie, aber auch bei sportlichen Tätigkeiten selbst noch im hohen Lebensalter. Nur ein einziges Interesse hatte er: für den unzerstörbaren Ruhmeskranz zu *'spielen'*, wie der Hl. Apostel Petrus seine christlichen Anhänger lehrte. Alles in seiner Seele war vom Wunsch erfüllt, dass sich die göttliche Heiligkeit in seinem Beruf und seiner Sendung offenbaren möge, mit besonderer Betonung darauf, dass man bei allem und auf jede gute Art und Weise Gott preisen soll. Deswegen war Pater Ivan imstande, mit einem Lied auf den Lippen dem wieder auferstandenen Christus entgegenzutreten, selbst im Augenblick, als er zum Tode durch Erschießung verurteilt wurde, auch im Ausleben seiner Berufung und Sendung und in der Annahme des natürlichen körperlichen Todes. So war und blieb der „Priester von Košljun" jederzeit der *fröhliche Bruder aller Menschen.*

DIE GEHEIMNISSE DES PATER IVAN PERAN – SEIN WEG ZUM HEILIGEN

Aus dem bisher über Pater Ivan Peran Gesagten ist ersichtlich, dass es sich um einen sehr dynamischen, fleißigen und vielgestaltig tätigen Geist handelt. Über ihn muss man jedoch auch das Folgende sagen: *Er neigte weitaus mehr zu Schweigsamkeit und Zurückgezogenheit, einer zurückgezogenen Geistes- und Lebenshaltung,* als die gelegentlichen Zusammenkünfte vermuten lassen würden. Mit seinem reichen Leben zeigte Pater Ivan, dass er einerseits dynamisch und äußerst beweglich, sportlich und musikalisch war, ein Erzähler, Schriftsteller und hilfsbereiter Priester, und dass er andererseits zurückgezogen, schweigsam und zurückhaltend war. Diese scheinbaren Gegensätze vereinigte Pater Ivan ausgezeichnet in seiner außerordentlichen Persönlichkeit. Dieses Geheimnis seiner Seele offenbaren seine vieljährigen Aufzeichnungen aus seinem *Tagebuch* auf besondere Art und Weise. Hier veröffentlichen wir ausgewählte Gedanken daraus. Mehr als andere seiner Texte werden die Tagebuchaufzeichnungen dem aufmerksamen Leser den leisen und geheimnisvollen Weg zur Heiligkeit aufzeigen: einen leisen Weg

---

Pater Ivan Peran während des Spaziergangs auf Košljun

voller Begeisterung, Eifer im Glauben, Liebe zu Gott und den Menschen und nicht minder zu der ganzen von Gott geschaffenen Welt. Dabei ist die Person des Gottmenschen Jesus Christus ein andauernder göttlicher Begleiter auf dem Weg von Pater Ivan in die Heiligkeit. Wir dürfen hoffen, dass diese geistlichen Gedanken die Seelen derer berühren werden, die auf ihrem eigenen leisen Weg die Tiefe und Schönheit des Lebens im Glauben an Jesus Christus aufdecken möchten.

Jesus – die Feuerstelle der Seele

* Ach Jesus, wie mit Dir die Seele brennt!
(*Tagebuch*, 1.2.1978)

* Ich fühle, dass ich bereit bin, für Jesus alles anzunehmen, dass mir nichts schwerfällt, das ich für Ihn und wegen Ihm annehme, wie wundervoll es ist, sich demütig hinzugeben, selbstlos zu sein und zu dienen!
(*Tagebuch*, 28.1.1979)

* Warum ich mir Freiheit gewünscht habe? Damit die Welt den gegenwärtigen Christus empfindet. 'Geh mit Gott' haben alle gesagt, was nicht Christus ist.
(*Tagebuch*, Erinnerung an die Tage in Haft, 8.9.1974)

Pater Ivan Peran als organist in der Kirche von Košljun

* Alles ist elendig, außer Dir, Herr und Gott Jesus!

(*Aus dem handschriftlichen Nachlass*)

* Seitdem ich Seinen Fußspuren gefolgt bin, befriedigt mich keines Seiner Bilder, nicht einmal die Transfiguration von Raffael... Ich finde Ihn einzig in den Augen der Unschuldigen und in den Sehnsüchten derer, die sich Ihm nähern möchten. Vollständig finde ich Ihn in der Duldung des Opfers, der Messe, dem Tabernakel und der Kirche.
(*Aus dem handschriftlichen Nachlass*, Rom 9.7.1977)

* Am Nachmittag habe ich mich mit der Weihnachtskrippe beschäftigt, mit der in meinem Zimmer. Ich tue und rede mit Jesus. Gott, wenn jemand dieses Gespräch mithören könnte! Er würde mich für kindlich oder verrückt halten... Sei's drum! Ich war glücklich, sah Jesus, wie er mich anlächelte, wenn mir etwas herunterfiel... „Jesus, magst Du es so oder so?" fragte ich hörbar, und ich sprach mit Jesus, Josef und Maria... Sollte man mich auch bespötteln, ich fühlte mich ihnen nahe, spürte ihre Wärme, sah ihre Freude ..., empfand ihre Herzen.

(*Tagebuch*, 25.12.1975)

Eucharistischer Jesus

* Du sollst der Heiligen Messe und dem Gebet den ersten Platz und einen *breiten* Platz reservieren!

(*Tagebuch*, 15.9.1978)

* Die Messe ist *alles* und der *Mittelpunkt* von allem.

(*Tagebuch*, 3.7.1977)

* Kann man irgendetwas höher schätzen als die Augenblicke vor dem Tabernakel? Und es war meine feierliche Entscheidung: *Keinen Tag vergehen zu lassen ohne einen besonderen Besuch des Heiligen Sakraments*! Und so fühle ich, dass ich ruhig und gefasst bin, ganz gleich, was sich ereignet.

(*Tagebuch*, 19.11.1974)

* Heute Morgen lebe ich ganz im heutigen *Feiertag*: erster Besuch des Tabernakels. Das ewige Licht wacht; ich küsse es, denn es wacht in unserem Namen, treu.

(*Tagebuch*, Verkündigung des Herrn, 25.3.1985)

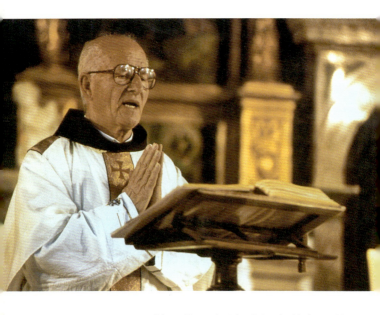

*P. Ivan Peran bei der Feier der Heiligen Messe
in der Kirche von Košljun*

Ich schaue Dich an, Jesus,
in der Hostie des Altares...
Oh wunderbares Geheimnis,
oh freudige Erkenntnis,
oh Gott, ein Lied,
in dem sich Leben und Tod
nach Deinem Kreuzestod
und Deiner Auferstehung
vereinigten zu meinem,
zu unserem ewigen Glück...
Jesus, Gottes Geschenk und Geistes Liebe,
sei ewig, was du mir bist: das Licht,
dass ich Dich an jedem Anfang sehe,
an jedem Ende
und inmitten des Lebensweges. Amen.

(Pater Ivan Peran,
aus dem lyrischen Nachlass)

Offenbarung der ungeahnten Schönheit Gottes in der Bibel

* Wenn immer ich die Psalmen oder die Heilige Schrift in die Hand nehme, sei es im Allgemeinen oder wie es die Liturgie der Messe verlangt, bemerke ich nur eines: *ungeahnte Schönheit, unerschöpflichen Reichtum – ein Meisterwerk*!
(*Aus dem handschriftlichen Nachlass*, 21.11.1985.)

* Gott, die ganze Bibel ist nichts anderes als ein *Mosaik der Liebe* des Schöpfers zu seinen Geschöpfen – zu *den Menschen*. Er möchte sie mit allen Stricken an sich heranziehen und erlösen. Danke Dir für Deinen Ruf, dies zu bezeugen und zu verkündigen!
(*Tagebuch*, 9.9.2000)

Der innere Weg zur Heiligkeit

* Alles ist nichts außer heilig zu leben …
(*Aus dem handschriftlichen Nachlass*)

* Noch einmal habe ich meine Entscheidung für das erneuert, was einzig wertvoll ist: *Ganz Gott zu gehören*!
(*Tagebuch*, 4.5.1976)

* Ich fühle immer wahre Freiheit und ich bin stolz darauf, in der Kutte umherzugehen!
(*Tagebuch*, 30.4.1976)

* Ich reise in der Kutte. Hier schätzt man das sehr. Ich finde keinen Grund, warum sie hier nicht mit Kutte umhergehen.

(*Tagebuch*, Buenos Aires, 2.1.1980)

* Die Frage nach dem persönlichen Gebet und vor allem die nach der persönlichen Bewunderung des Tabernakels erscheint mir am bedeutsamsten und als Bedingung für die Ordnung von allem anderen.

(*Tagebuch*, 16.2.1974)

* Man kann über alles reden und diskutieren, aber nicht über das Gebet. Ohne Gebet, das vollständige und ernsthafte Gebet, kann man nicht einmal vom Klosterleben träumen!

(*Tagebuch*, 21.7.1973)

* Es ist geradezu unglaublich, dass wir unsere Ewigkeit nicht in Rechnung stellen!

(*Aus dem handschriftlichen Nachlass*, 8.10.1966)

* Die Berufung ist eine Sache, für die wir zu sterben bereit sein müssen...

(*Tagebuch*, 6.3.1974)

* Christ zu sein bedeutet: die ganze Welt im Herzen zu tragen.

(*Tagebuch*, 17.6.1980)

Na putu u život

Preoštri su, Gospode, ovi trnci;
Hoću li moći ustrajat' do kraja?
Put, po kojem, kažeš mi da idem
Posut je trnjem.

    Vidiš li one bliku mene,
    Koji se vesele, pjevu se u pjesmi?
    Život im lijep, veli mi, ugodan,
    Zovu me k sebi.

I velik vihor glasje, i zamaman,
Kojim u svjetske raskoši me vuku;
Pruži mi, Kriste, pomoćničku ruku,
Na križnom putu.

    Preoštri su, Gospode, ovi trnci;
    Al' mnogo veća slava, kojoj su cijena
    Put, kojim, kažeš da idem,
    Pun je ruža.

            u novosijeću 1937

* Ich bemühe mich darum, in der Wirklichkeit meiner Berufung zu leben, d.h. in unmittelbarer familiärer Intimität mit dem Herrn und den Heiligen.

(*Aus dem handschriftlichen Nachlass*)

* Ich war eine halbe Stunde bei Jesus im Tabernakel. Ohne Worte, dennoch hörte ich so vieles! Diese paar Augenblicke würde ich auch nicht für den ganzen Reichtum der Welt hingeben! Mein Gott, warum verstehen wir das nicht zu schätzen?

(*Tagebuch,* 25.10.1985)

† Erledige deine Arbeit so, als wärest du heilig!

(*Tagebuch*, 6.6.1974)

* Ich wiederhole und werde wiederholen: kein Buch, keine Begeisterung, kein Vortrag gibt mir so viel, wie einige Augenblick mit Jesus. Nur zuhören. Ich muss Ihm nichts beweisen und Ihn nicht belehren!

(*Tagebuch*, 29.10.1985)

Dichter in der Nachfolge Jesu
(Handschrift der Gedichte von P. Ivan Pervan
aus dem Noviziatjahr, 1937.)

* Mein Gott, ich liebe Dich! Das ist mein tagtägliches Seufzen, ich weiß nicht, wie oft.
(*Tagebuch*, 14.3.1977)

* Beharrliche Gebete machen selbst das Unmögliche möglich.
(*Tagebuch*, 25.4.1977)

* Es gibt keine wahre Liebe und keinen reinen Geist ohne Askese!
(*Tagebuch*, 13.1.1978)

* Der Edelmut einiger hat mich erbaut!
(*Tagebuch*, 28.4.1978)

* Jeden achten!
(*Tagebuch*, 14.5.1978)

* Wir müssen göttliche Gedanken denken und fühlen!
(*Tagebuch*, 10.6.1978)

* Fasten ist Erneuerung, Freude am Nächsten, Befreiung.
(*Tagebuch*, 20.2.1980)

Verzauberung durch die Sprache der göttlichen Natur

* Mein Gott, welch wunderbares Buch gabst Du uns mit der ganzen Natur. Lass uns den Widerschein Deiner Güte, Schönheit und Ordnung verstehen; lass uns die Ganzheit sehen und nicht nur Ausschnitte!

(*Tagebuch*, 22.3.1980)

* Zwanzig Minuten in Richtung Osten auf einem kleinen Waldweg. Gott, welch eine Herrlichkeit! Ein Brausen hier und da, man hört es, aber sieht es nicht, dann zwitschert das Wäldchen – so erlebte ich es: Vogelscharen sieht man nicht trotz des ganzen Konzerts über dem leichten Brausen! Ein dichter und bunter Feldteppich. Ich wollte eine Blume pflücken – aus einer Vielzahl von Blumen –, aber ich traute mich nicht; es schien mir, als ob jede ihren Platz hat und dass eine Leere zurückbleiben würde, wenn ich eine pflückte ...

(*Aus dem handschriftlichen Nachlass*)

* Gestern habe ich irgendwo gelesen, dass ein kleines Mädchen sich über alles kindlich freute: über das Gras ebenso wie über die Grille – einfach über alles, alles. Das gefiel mir so sehr, weil ich mich selbst so fühle: neulich habe ich die Kriechpflanzen, die ich lange Zeit zu gießen versäumt hatte, um Vergebung gebeten! Ebenso vorgestern Nacht eine Blume – auf dem Altar. Es war spät, aber ich bin nicht aus der Kirche gegangen, bevor ich sie nicht gegossen habe. Und dann war ich so fröhlich und ich habe ihre Freude empfunden!

(*Tagebuch*, 8.10.1985)

Gottes Geschenke anderen in Freude schenken

* Mein Leben ist ein Geschenk Gottes, damit es ein Schenken sei – unaufhörlich, jeden Tag.

(*Tagebuch*, 13.4.1977)

* Der einzige Grund, warum ich noch auf der Erde bleiben möchte, ist, um als froher Botschafter zu dienen – Träger der Freude,

Vermittler der Freude an die Menschen; um irgendwie der Widerschein Christi zu sein: der Widerschein von Christi Güte, Geduld, Verständnis, Vergebung, Liebe ohne Grenzen, Dienerschaft ohne Erwartung einer Vergeltung; damit die Menschen in mir Gottes Nähe empfinden...

(Aus dem handschriftlichen Nachlass)

* Dienet dem Herrn in Freude und seid jedem die *Freude* des Herrn.

(Aus dem handschriftlichen Nachlass)

Erhaltung der Berufung in ursprünglicher Reinheit

* Die Kirche muss hoch über jeder Zwietracht stehen und sie darf nicht zulassen, dass irgendeine Seite, selbst die idealste, sie als bloßes Mittel ansieht. Die Kirche muss hoch, hoch über allen persönlichen Interessen stehen...

(Tagebuch, 9.4.1975)

* Die *Opposition* ist immer in der besten Position, denn sie kann *verantwortungslos*

P. Ivan Peran beim Gotteslob, als Chorleiter des kleinen Chores aus Punat, „Bonaventurianum", übersetzt: „Die Frohe Zukunft"

Versprechungen machen, ohne bei jemandem anzuecken. So ist das bei allen Oppositionen, von den politischen bis zu den ideologischen. Daher ist es naiv und kurzsichtig, der Opposition die entscheidende Bedeutung zuzuweisen.

(*Tagebuch*, 24.9.1980)

* Ich fühle, dass man offen reden muss, mutig und furchtlos, denn wir tragen Verantwortung vor Gott!

(*Tagebuch*, 2.9.1977)

* Am Abend besuchte ich den Bischof. Und ihm wie allen anderen sage ich: Verlasse Amt und Zimmer, gehe sogar unter die 'Fluchenden' – und unsere Ansichten werden sich sehr verändern.

(*Tagebuch*, 17.10.1974)

* Wir wundern uns über die Jugend, aber was bieten wir ihr? Paragraphen und Warnungen... Ich denke, sie möchten auch *das Heilige sehen*.

(*Tagebuch*, 15.11.1974)

* Schwierig ist die 'abstrakte' Frömmigkeit selbst für die Geistlichsten, ganz zu schweigen vom Volk. Die Bilder, Prozessionen und Rituale sind nicht zu verachten!

(*Tagebuch*, 9.5.1975)

* Ich habe es nie bereut, wenn ich geschwiegen habe, aber ich habe es sehr oft bereut,

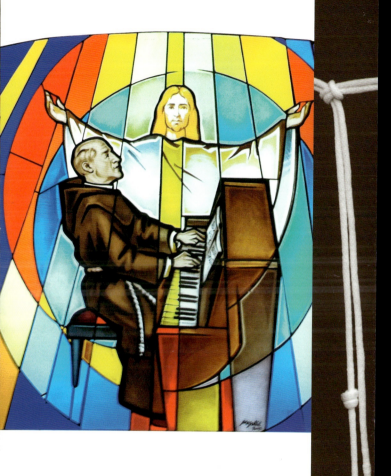

P. Ivan Peran als Verehrer des Auferstandenen Jesus Christus (Arbeit von R. Mijalić, Košljun, 2013.)

selbst wenn ich etwas mit größter Überzeugung gesagt habe. Wenn es nicht notwendig ist, teile bestimmte Inhalte selbst deinen Nächsten nicht mit!

(Tagebuch, 3.1.1975)

* Elend ist derjenige, dessen ganze Verteidigung in der Beschuldigung des anderen besteht.

(Tagebuch, 29.2.1976)

* Wie sollen wir 'entzünden', wenn wir selbst nicht brennen? Aus der Flamme der Wachskerze wird nichts, wenn wir selbst nicht auch Flamme sind.

(Tagebuch, 2.11.1973)

* Die Weltlichkeit, mit der wir uns brüsten, wird zur 'Antipropaganda' unserer Berufung.

(Tagebuch, 22.9.1978)

* Die heutige Erziehung, auch in den kirchlichen Einrichtungen, ist seit Langem schon materialisiert – angeblich in der Absicht, dass sie 'real' sein möge.

(Tagebuch, 21.5.1978)

* Fußball – das Spiel zeigt den Charakter besser und vollständiger als geistliche Gespräche!

(Tagebuch, 27.4.1981)

Sinn und Schönheit der Berufung zum Mönch und Priester

* Der Höhepunkt der franziskanischen Berufung: der Geist des Herrn und das Wirken im Geiste des Herrn, so wie Jesus wirkte. Das gilt für alle und jeden, und insbesondere für *Priester und Mönche*, denn der Geist in ihnen und mit ihnen wirkt im heiligen Apostolat.
(*Aus dem handschriftlichen Nachlass*, 10.10.1984)

* Können Personen, die sich Gott widmen, irgendetwas anderes höher wertschätzen als die Zeit, die sie für Gebete, Meditation und alles, was für Gott geschieht, aufwenden?
(*Tagebuch*, 6.1.1978)

* Unsere Aufgabe – der Priester und Mönche – sehe ich darin: zu bezeugen, dass wir Reisende sind und dass unser ständiger Aufenthaltsort im Himmel ist!
(*Tagebuch*, 16.6.1978)

* Der vollkommenste Mönch – ohne Liebe ist er nichts!
(*Tagebuch*, 17.6.1980)

* Es ist besser, das Kloster zerfällt, als der Mönch zerfällt.
(*Aus dem handschriftlichen Nachlass*)

* Erleidet lieber Ungerechtigkeit, als die Eintracht der Gemeinschaft zu zerstören!
(*Aus dem handschriftlichen Nachlass*)

KOMMUNISTISCHE SZENARIEN DER VERURTEILUNG ZUM TODE – ODER PATER IVAN PERAN BEI DER GRÖSSTEN PRÜFUNG SEINER HEILIGKEIT

In dem furchtbaren Augenblick, als die kommunistische Herrschaft auf dem Gebiet des ehemaligen Jugoslawien begann – das Folgende gilt für den gesamten Raum der kommunistischen Politik –, war Pater Ivan Peran ein junger Franziskanermönch und ein noch jüngerer katholischer Priester. Im Herbst des Jahres 1946 wurde er zum Wehrdienst einberufen. Damals befand er sich in seinem 27. Lebensjahr. Aus seinen freimütigen und ehrlichen Aussagen über den christlichen Glauben und die katholische Kirche – und insbesondere denjenigen über Kardinal Alojzija Stepinac, der sich zu dieser Zeit in politischer Haft befand – hat das Militärgericht in Ljubljana mit Hilfe seiner Spitzel „belastende Beweismaterialien" gesammelt, um ihm und dreizehn anderen Soldaten, denen er angeblich als „intellektuel-

---

P. Ivan Peran während des Rosenkranzgebetes mit den ehemaligen Novizen

ler Führer" vorstand, staatsfeindliche Tätigkeiten mit dem Ziel, das neu entstandene kommunistische Regime zu stürzen, zur Last zu legen. Bereits zu Beginn des darauffolgenden Jahres wurden Untersuchungen aufgenommen und Verhöre durchgeführt. Im Frühling folgten die Verhaftung des angeblichen „Ideologen" der Soldatengruppe, der inszenierte gerichtliche Schauprozess und die Verurteilung zum Tode durch Erschießung. Nach dem gerichtlichen Berufungsverfahren wurde das Todesurteil zu einer fünfjährigen Gefängnisstrafe in Einzelhaft mit Zwangsarbeit abgeändert. Nach der Entlassung aus dem Gefängnis musste er den Wehrdienst nachholen, was 1954-1955 geschah.

Alle erlebten Grausamkeiten erduldete Pater Ivan als ein heldenhafter Gläubiger. Als er in die Freiheit entlassen wurde, entschied er sich wegen seiner Berufung zum Franziskanermönch und seiner priesterlichen Sendung erst spät dazu, die furchtbaren Ereignisse bekanntzugeben, obwohl er sich von vielen Seiten gedrängt sah, dies zur Belehrung der jungen Generation von Priestern und Mönchen sowie allen wohlwollenden Menschen zu tun. Das geschah zum Glück zu dem Zeitpunkt, als er in den frühen 80er Jahren seines Lebens stand. Das Buch unter dem bedeutsamen Titel 'Mit Christus bis in den Tod' (Zadar 2002) ist ein erschütterndes Zeugnis eines vollkommen unschuldigen, zum Tode durch Erschießung Verurteilten. Alles in diesem Buch ist ein Widerschein der Wahrheit, Liebe,

Güte, Vergebung, ohne eine Beschuldigung gegen die Verleumder, Verfolger, meineidigen Zeugen und ungerechten Richter. Pater Ivans Haltung in diesen furchtbaren Augenblicken ist der geistliche Höhepunkt im Leben eines gläubigen Märtyrers und die schwerste Prüfung seiner Heiligkeit. Diesen Höhepunkt verließ er seitdem in seiner gesamten späteren franziskanischen und priesterlichen Berufung und Sendung nicht mehr. Daher möchten wir an dieser Stelle aus dem erwähnten Buch, das schon bald nach seiner Veröffentlichung ein Bestseller geworden ist, die wichtigsten Ereignisse aus dem Gerichtsverfahren gegen Pater Ivan Peran und der Verurteilung zum Tode nachzeichnen, sowie sein Glaubensbekenntnis angesichts der furchtbaren Tatsachen der politischen Gleichschaltung und Unvernunft im kommunistisch-atheistischen System wiedergeben. Es geschah in Slowenien (damals eine der Republiken Jugoslawiens), wo er Wehrdienst leistete.

Novo Mesto, Mittwoch, 4.6.1947

„Maschinengewehrtruppe, aufgestellt!"
Man hört die Stimme des Kommandanten. Verlasst die Baracken. Der Feldwebel gibt Befehle, ordnet die Truppe und stellt sie auf.
„Stillgestanden! Herr Genosse Hauptmann... Langsam, Schritt auf Schritt, vier Offiziere nähern sich unserer Truppe. In Reih und Glied stillgestanden. Sie sehen uns an, sie lächeln ein wenig..."

„Wisst ihr, warum wir euch herbeigerufen haben, Genossen?" fragte einer.

Stillschweigen.

„Genossen, unter euch sind einige, die mit der staatlichen Ordnung nicht einverstanden sind... Sie schaden euch..."

In diesem Augenblick fühlte ich, er denkt an mich.

„Und wisst ihr, welche das sind? Peran Ivo i Josip Šnajder", sagte der Hauptmann.

Wenn man beim Namen gerufen wird, muss man laut den Regeln der militärischen Disziplin aus der Truppe hervortreten. Ich legte dem Kollegen vor mir die Hand auf die Schulter. Er ging beiseite. Ich trat vor die Truppe, drehte mich herum und stand still. Dasselbe tat Kollege Šnajder.

„Herr Genosse Hauptman, darf ich den Kollegen etwas sagen?"

„Reden Sie!"

„Genossen, ihr älteren kennt mich, und ihr, die ihr erst kürzlich angekommen seid, kennt mich vielleicht nicht. Ich bin ein katholischer Priester. Mein Gewissen ist rein. Sollten wir uns nicht mehr sehen, geht mit Gott!"

„Darf ich auch?" fragte Šnajder.

„Nein!"

Die Offiziere gaben drei mit Pistolen bewaffneten Soldaten ein Zeichen. Diese be-

---

P. Ivan Peran als Soldat, Slowenien, 1946

gleiteten uns aus der Baracke hinaus. Wir nahmen unsere Holzkoffer. Sie nahmen uns den Stern von den Kappen ab sowie die Bauchgürtel. Wir folgten ihnen. Die Soldaten aus den Baracken sahen uns nach. Sie wussten nicht, was geschah. Wir kamen in die Kommandozentrale des Bataillons in der Nähe des Bahnhofs. Dort trafen wir auf noch einen Soldaten mit einem kleinen Koffer, ohne Stern und Gürtel. Wir standen im Hof. Es muss gegen acht Uhr gewesen sein. Die Befehlshaber verschiedener Truppen sammelten sich zur Besprechung des Unterrichts in Militärkunde. Ich sah viele bekannte Gesichter. Dort waren auch die Hauptmänner meiner Truppe. Sie schauten, flüsterten, lächelten. Einer von ihnen war schon mit mir beschäftigt. Er untersuchte meine Sachen im Holzkoffer. Dabei sprach und fragte er:

„Wird dich jetzt dein Gott aus unseren Händen erlösen? Von ihm hast du in den politischen Unterrichtsstunden viel gesprochen und zu Essenszeiten hast du dich bekreuzigt…"

„Ja", antwortete ich seelenruhig und fuhr fort: „Wie lange könnt ihr mich in euren Händen halten? 70, 80 Jahre. Und dann? Ihr und ich werden gemeinsam vor Gott treten und ihr werdet sehen, wer Recht hat!" (S. 65-66)
(…)
„Wir traten in ein großräumiges Haus. Wahrscheinlich war es ein Gasthaus. Soldaten befanden sich darin und um das Ge-

bäude herum. Wir ließen unser Gepäck im Büro. Auf dem Gang öffnete einer die Tür und schob mich hinein. Ein großer Raum, leer, vollkommen leer. Während ich noch den Raum ansah, kam ein Soldat herein: „Was hast du in den Taschen?" Ich holte ein Tuch hervor. Er nahm es mir ab.
„Gib mir deine Schnürsenkel!" Ich tat es. Er nahm sie. „Noch was?" – „Nichts", sagte ich. Dies tat er wahrscheinlich, damit ich mich nicht erhängen konnte. Er ging hinaus. Ich war wieder allein... Ich kniete nieder, breitete die Arme gegen den Himmel aus. Nun konnte ich beten: *Vater unser im Himmel*! Heiliger Franziskus, wir sind gleich! Ich fühle eine unbegreifliche Freude. Wahre Freude! Erleichterung. Ich habe nichts, überhaupt gar nichts habe ich! Ich sorge mich um nichts, um überhaupt gar nichts. Allein, allein, allein! ... Ich bin nicht allein, mein Gott, Du bist mit mir. Du bist mit mir! Ich stehe einige Zeit mit dem Blick gegen den Himmel gerichtet. Leicht, leicht, glücklich. Gestern habe ich Lukas 6 gelesen: *„Aber ich sage euch, die ihr zuhört:... wer dir den Mantel nimmt, dem wehre nicht auch den Rock... Und so ihr liebet, die euch lieben, was für einen Dank habt ihr davon?... Liebet eure Feinde... Darum seid barmherzig, wie auch euer Vater barmherzig ist..."* Darüber dachte ich nach, aber den Vater fühlte ich nahe, dort mit mir. Ich sah ihn lächeln! (S. 67-68)

Aus den Verhören bis zur Erschöpfung wählen wir das Kreuzverhör, die Lügen und Komplotte im Mosaik der 'verbrecherischen' Taten. Sie dauerten von 15 Uhr nachmittags bis 1 Uhr in der Nacht. Dabei lag die Betonung auf der Person Kardinal Alojzija Stepinac. Pater Ivan hielt das Wichtigste schriftlich fest.

Donji Logatec, Ende Juni 1947

Schöner, sonniger Tag. Gegen 15 Uhr kam ein Wächter mit Maschinengewehr:
„Peran...!"
„Hier."
„Mir nach!"
Wir gingen auf der Straße nach Norden. Ein schönes Etagenhaus. Er klopfte. Ich ging hinein. Zwei Offiziere und eine Sekretärin. Auf dem Tisch eine Pistole.
„Peran Ivo?"
„Ja."
„Allgemeines: Geboren? ... Eltern? ... Wohnort?... Schule? ...
Wehrdienst? ...
Vermögenslage?
„Ich besitze nichts!"
„Oh! Nichts?"
„Nichts!"
„Du hast Eltern. Hast Du kein Haus, keine Felder?"
„Die sind im Besitz meiner Eltern, aber ich besitze nichts!"

„Wie kommt es dazu?"
„Ich bin ein Franziskanermönch. Ich habe das Gelöbnis abgelegt und bei dieser Gelegenheit allem Besitz abgeschworen. Das wurde von der Staatsregierung gerichtlich angenommen."
Sie sahen sich an... Hauptmann Savetić sagte zu der Sekretärin: „Schreib, er hat nichts!"
„Noch etwas: mein Taufname ist Felix und Ivo (Ivan) ist mein Mönchsname."
„Nenne dich wie du willst. Hauptsache, du bist hier."
Das Verhör begann. Vor ihnen lag ein Haufen Papier. Sie blätterten darin...
„An dem und dem Datum und dem und dem Ort sagtest du dies und das. Was hast du dir dabei gedacht?"
„Das, was ich gesagt habe."
Erst fragte und verhörte mich der eine, dann der andere... Alles verlief genauso, wie der Leutnant vorausgesagt hatte. Alles war aufgezeichnet worden: mit wem ich was wann und wo gesprochen hatte. Alles über Gott und die Religion. Ich wartete darauf, dass sie meinen Eintritt in die Kirche und die Ostermesse erwähnen würden... Nichts. Die Zeit verfloss. Einer von ihnen ging zum Abendessen, der andere verhörte mich weiter. Er las in den Papieren etwas über Stepinac...
„Was denkst du über Stepinac?"
„Ich denke, er ist der beste Priester und Bischof."
„Soll das heißen, unsere Volksregierung hätte ein ungerechtes Gerichtsverfahren ge-

gen ihn geführt und ihn ungerechterweise verurteilt?"

„Sie haben mich gefragt, was ich denke, und das habe ich Ihnen gesagt."

Nun begannen die politischen Fragen: Was dachte ich über den Volksbefreiungskampf? Von den Priestern aus Široki Brijeg, die auf das Befreiungsheer geschossen hatten?

„Ich habe Partisanen gesehen, die sich mit Priesterkutten verkleidet hatten."

„Was willst du damit sagen?"

„Ich sage, was ich gesehen habe. Außerdem war ich anwesend, als Partisanen erzählt haben, dass Priester auf sie geschossen hätten. Darunter war auch einer, der unter den Partisanen auf Široki Brijeg gewesen war, und dieser sagte: das ist nicht die Wahrheit, ich war dort! Und der andere schwieg."

Und das Kreuzverhör ging weiter. Sie verhörten mich über die Partisanen, die Regierung. Alles brenzlige Fragen. Ich fühlte mich müde. Ich sah auf die Uhr. Ein Uhr nach Mitternacht. Sie verhörten mich weiter.

„Herr Genosse Hauptmann, ich bin müde und ich weiß, dass mich jede weitere Frage verführen könnte, wegen meiner Müdigkeit etwas Beliebiges zu sagen, um mich von dem Verhör zu erlösen. Daher bitte ich Sie darum, dass wir das Verhör unterbrechen. Lassen Sie mich ruhen und dann morgen wieder rufen, um das Verhör fortzusetzen.

„Du willst nicht mehr antworten?"

„Nicht jetzt."

Sie sahen sich an. Sie legten mir das Verhör schriftlich vor. Ich las...

„Das unterschreibe ich nicht. So habe ich das nicht gesagt... Das auch nicht... Und dies auch nicht...

Sie sahen sich wieder an... Sie nahmen das Schriftstück zurück... Sie riefen den Wächter, der mich abführte!

„Führ ihn ab!" (S. 73-75)

Beim Verhör von Pater Ivan Peran und seiner 'frevlerischen Gruppe' wurden ausreichend ‚Beweise' für die Verurteilung 'gefunden'. Die kommunistischen Vollstrecker der Verurteilung mussten das Mosaik des 'Verbrechens' in exakte Geschlossenheit bringen. Diese ist bereits im Vorhinein erdacht und entschieden worden. Die Verhörenden und Richter waren die Vollstrecker unter Zwang. Erschütternd und beängstigend war allein schon die Tatsache solcher Verfahren. Die Verurteilung selbst war ein schändliches Verbrechen.

Gornji Logatec - Ljubljana, Mitte September 1947

Gegen Mittag trat ein Wächter ein und kam in unsere Ecke. Er las von einem Papier die Namen von uns dreien, die diesen Raum zuerst eingenommen hatten.

„Gehen wir!"

Wir gingen durch einen großen Raum hinaus. Sie sahen uns an. Wir nahmen unsere

kleinen Holzkoffer und gingen zusammen vor Gradina. Dort wartete bereits eine Gruppe von Soldaten und Zivilisten mit Paketen. Auf beiden Seiten standen Wächter. Wir gingen zum Bahnhof. Selbstverständlich sagte niemand, wohin die Reise ging.
„Ljubljana!"
Wir setzten uns. Unweit vom Bahnhof lag eine große Kaserne. Wir traten ein. Ich hörte einige sagen: „Die belgische Kaserne!" Im Kasernenhof lag ein besonderes Gebäude.
„Tritt ein!"
Zuerst in die Kanzlei. Wir ließen unser Gepäck dort und dann wurde jeder von uns gefragt: „Besitzt du etwas mit jemandem gemeinsam?" Ich hörte jeden sagen: „Nein."
Sie verteilten uns in kleinen Gruppen auf die Zellen. In der Mitte war ein Gang, beiderseitig Zellen. Leer: gegenüber der Tür ein hohes Fenster mit Eisenstäben. In der Tür ein rundes Loch. Ich war unter Zivilisten, die ich nicht kannte. Einer von ihnen war älter als ich und die anderen jünger. Alle waren Slowenen. Nach ein paar Tagen öffnete der Wächter die Tür: „Erhebung der Anklage!", sagte er. „Lesen Sie und dann geben Sie es zurück."
Sie gaben mir ein Schriftstück.
„Ivo, lies!"
„Das ist ja ein ganzer Roman...! Seht, seht... 32 getippte Seiten! Aber das ist nicht nur meins ... da sind auch alle, die aus Logatec gekommen sind. Insgesamt 14.
Ich fing an zu lesen. Ich las Allgemeines, ich las über jeden Einzelnen... Wir seien alle

eine organisierte Gruppe, die feindliche Propaganda gegen die gegenwärtige politische Ordnung in Jugoslawien verbreite... Peran Ivan..., der intellektuelle Führer der Gruppe..., behauptet, Stepinac sei ohne Beweise verurteilt worden..., dass unsere Regierung die Kirche bekämpfe und dass jede Regierung, die sich gegen die Kirche stellt, untergehe... Hinter seinen feindlichen Taten und Reden bergen sich „Glaubensdogmen"...

Und die Zivilisten? ... Sie sammelten Waffen: Gewehre, italienische Bomben, Munition... Begründung... Đuro H. ist der Anstifter der feindlichen Tätigkeiten und Peran Ivan der intellektuelle Führer..., er (Peran) verdient die strengste Bestrafung, die laut unseren Gesetzen möglich ist, und die anderen eine strenge aber angemessene..."

Unterschrift: Staatsanwalt Vladimir Savelić (S. 84-85)

(…)

„Am Dienstag, den 23. September, kurz vor 9 Uhr, versammelten sie uns in den Zellen. Als wir die Treppe hinuntergingen, sah ich, dass die Wachen verdoppelt waren! Es war offensichtlich: das Schlimmste erwartete uns! Im Gerichtssaal stehen wir alle auf den Beinen: die Richter, Anwälte, hinter uns eine große Anzahl von militärischen „Gesichtern", wahrscheinlich von den anderen Gerichten, an denen das Verfahren verfolgt wurde. Der vorsitzende Richter, Major Stanko K. las: „Im Namen des Volkes .... Peran Ivan zum Tode durch Erschießung ... Zum

Tode durch Erschießung... – wurde fünf Mal wiederholt.

Sechs also. Zwei in Abwesenheit – sie waren geflüchtet. Die anderen acht zu zeitlich begrenzten Gefängnisstrafen. Dem Todesurteil war hinzugefügt: Beschlagnahmung des gesamten Vermögens. Bloß bei meinem nicht, denn es stand: „Hat nichts." Als mein Urteil verkündet wurde, erschien es mir, als ob in diesem Augenblick etwas vor meinen Augen vorbeiflog. Ich stand unsicher auf meinen Füßen, aber ich fand sofort wieder meine Fassung. Während das Urteil der anderen verkündet wurde, erschien es mir, als ob ich nicht mehr in dieser Welt sei, als ob ich mit einem Fuß schon dort in der Ewigkeit stand...

„Haben Sie die Verurteilung verstanden?" fragte der Major, als ob nichts geschehen wäre.

Stille, keiner sagte etwas.

„Peran?" Er war schon gewöhnt, mich während der Verhöre so aufzurufen.

„Ja", sagte ich standhaft.

„Bist du einverstanden?"

„Nein!", entgegnete ich entschlossen.

„Die anderen?"

„Nein, nein, nein, nein..." hörte man noch elfmal. „Verlangen Sie Begnadigung, Peran?"

„Nein! Denn ich fühle mich überhaupt nicht schuldig."

„Die anderen?"

„Nein!", hörte man wiederum elfmal.

Der Vorsitzende hatte das Nein wahrscheinlich nicht erwartet. Er sah die anderen Teilnehmer des Gerichtsverfahrens an und richtete sich dann an mich:

„Peran, und was jetzt?"

„Ich beantrage ein neues Verfahren, in dem mir erlaubt wird, Zeugen aufzurufen. Ich brauche keinen Anwalt."

„Die anderen?"

„Ebenso...", sagte jeder von ihnen der Reihe nach, als ob es vereinbart sei.

Schweigen. Der Major schaute umher.

„Gut, Sie haben Recht, aber Sie müssen zunächst vor dem Obersten Gerichtshof in Belgrad in Berufung gehen. Möchten Sie das?"

„Ich gehe in Berufung!", sagte ich standhaft.

„Ich auch!", wiederholten alle anderen.

„Jetzt werdet ihr zurück in die Zellen gehen. Ihr werdet ein Blatt Papier und einen Stift bekommen und ihr werdet eure Berufung an den Obersten Gerichtshof in Belgrad schreiben."

Unter strenger Bewachung kehrten wir über den Hof in das streng bewachte Gefängnis zurück. Bisher war ich in einer Zelle mit anderen gewesen, jetzt versetzten sie mich in Einzelhaft, Zelle Nr. 18. Dies, sagten sie, sei die Zelle derer, die zum Tode verurteilt waren. Die Tür schloss sich. Ich war allein. Ich kniete nieder, hob die Hände zum Himmel: Gott, ich bin Dein. ... Du bist mein, du bist mit mir...!

(…)

Ich schritt durch die Zelle, betete, setzte mich auf den Boden und dachte nach. Ich schaute durch das Fenster unter der Decke in den Himmel... Manchmal lauter und manchmal leiser hörte ich die Gespräche und den Gesang der Soldaten im Kreis. Es erschien mir, als ob ich damit überhaupt nichts zu tun hatte. Mit einem Fuß bin ich bereits dort im Jenseits. Dennoch fühlte ich mich niemals Gott so nahe und ich war seelenruhig. Leise sang ich die Melodie eines Gregorianischen Chorals, von denen ich viele auswendig kannte. Unweit hallten vom Glockenturm der Kirche des Heiligen Herzens Jesu die verstreichenden Stunden wider."(S. 92-95)

Pater Ivan Peran legte schriftlich Einspruch ein, hielt seine eigenen Gedanken über die Tatsache des Todesurteils in dem Gefühl und der Überzeugung seiner vollkommenen Unschuld fest.

Ljubljana, Zelle Nr. 18, 23. September – 30. Oktober 1947

Was mich betrifft, so war ich davon überzeugt, dass nichts das ausgesprochene Urteil gegen mich abändern könnte, denn auch meine Kollegen belasteten mich schwer. Es war offensichtlich, dass das gesamte Verfahren eine reine Formsache gewesen war, um das zu erfüllen, was schon vorher entschieden worden war. Dennoch erhob ich

Einspruch: kurz, abgemessen, entschlossen. Ich trug lediglich meine zwei Gegenbeweise vor und fügte hinzu: wenn dem Obersten Gerichtshof an der Wahrheit gelegen sei, dann werde es meine Darstellung verstehen. Sollten weitere Beweise nötig sein, würde ich sie vortragen. Man sollte es mir nur ermöglichen, – ich würde Zeugen benennen. Ich schreibe nicht aus Angst vor dem Tod, fügte ich hinzu, sondern weil ich mich gegenüber meinem Stand verantwortlich fühlte! Hätte ich geschwiegen, würde ich meine angebliche Schuld bestätigen und diese Schande würde auf meinen Stand fallen... Für den Fall, dass ich mich irgendwie ohne mein Bewusstsein schuldig gemacht haben sollte, so hätte ich dafür mit einer dreimonatigen Untersuchungshaft gesühnt. So schloss ich meinen Einspruch. Ich übergab die Papiere und richtete sie an den Obersten Gerichthof in Belgrad.

(…)

Alles Diesseitige erschien mir, als ob es mir fremd geworden wäre. Und meine Eltern? Meine Schwestern? Meine Ordensbrüder? Keine Verbindung, kein Brief. Mein Vater fand mich in Gornji Logatec, meine Angelegenheit wurde als eine Kleinigkeit abgetan und er kehrte beruhigt heim... Seitdem waren wieder über eineinhalb Monate vergangen. Wieder kein Wort... Wenn er hören würde: zum Tode verurteilt ... Ich erwartete die Vollstreckung des Todesurteils und keiner von ihnen wusste etwas davon...

Wer würde mir glauben, meine Eltern eingeschlossen, dass ich keinerlei Schuld auf mich geladen hatte? Die Leute würden ihnen Beileid bezeugen. Würden meine nächsten Verwandten und Freunde glauben, dass ich überhaupt gar nichts getan habe? Das Urteil lautete: Tod durch Erschießung...! Es war ein Todesurteil!

(…)

Es war kalt... Wir lagen bekleidet auf dem Boden mit den Schuhen unterm Kopf. Den Wächter fragten wir nach einer Decke. Er brachte sie uns. Als wir uns mit der Decke zudeckten, sahen wir uns an... Die Decke war in der Mitte zerrissen gewesen und wieder vernäht worden, so dass ein wahres Kreuz sichtbar wurde. Genauso wie der schwarze Stoff, mit dem die Särge der Toten bedeckt wurden. War dies ein Zeichen für uns?

Es vergingen etwa acht bis zehn Tage. War bereits etwas vom Obersten Gerichtshof eingegangen? Wann würde es eingehen? Wie viel Zeit verging in der Regel? Würden Sie uns und vor allem mir etwas Besonderes sagen, oder würde man mich einfach nur zur Erschießung rufen? Hatten Sie meine Beschwerde überhaupt weitergeleitet? Nach einer solchen Anklage und einem solchen Urteil ist alles möglich. Wenn Sie jemanden

---

P. Ivan Peran als Komponist, Botschafter des Gottesfriedens (Komposition: Friede, Friede)

aus der Zelle herausnahmen, vor allem aber, wenn es zwei waren, so war dies das Zeichen: einer von ihnen ging. Aber es war auch möglich, dass zuerst einer und dann der andere ging. All diese Fragen hatten ihre Antworten. Es konnte zehn Uhr in der Früh sein. Wir orientierten uns an der Uhr, die vom Glockenturm der Lazaristen-Kirche des Heiligsten Herzens Jesu widerhallte. Die Tür öffnete sich.

„Wer ist aus Logatec?"

„Ich", sagte Nikola.

„Nimm deine Sachen!"

Das bedeutete: den Holzlöffel, denn wir hatten nichts anderes.

„Mir nach!"

Wir sahen uns an. Das hieß: er oder ich.

Ich stand auf, schritt durch die Zelle. Etwas war entschieden worden. Vielleicht noch heute Abend... Ihm wurde sicherlich etwas stattgegeben: ... er war jung, verführt ... der Priester ist der Anführer von allen ... Ich kniete in der Mitte der Zelle nieder, hob meine Augen und Hände zum Himmel: Vater unser im Himmel ... So würde ich vor dem Erschießungskommando knien ... vielleicht noch heute Abend ... Gott, ich vergebe allen, vergib Du mir ... Ich würde aufstehen und den Verband von den Augen herabnehmen... Es lebe Christus der König! ... Feuer! Ich bin unschuldig! .... Ich schritt wieder durch die Zelle... Tränen begannen zu fließen... Und die Eltern? ... Schwestern? ... Sie würden schwarz tragen... Mutter, Vater, liebe Schwestern, es würde euch schwer fallen, wenn ihr herausfinden würdet, dass ich nicht mehr unter den Lebenden weile... Allerdings werdet ihr im Jenseits erfahren, dass ihr euch meiner nicht zu schämen braucht! Es fällt mir nicht leicht... Die regelmäßige Mahlzeit um 11 Uhr. Ich aß alles auf, appetitlos. Ich betete und wartete auf den Abend und die Nacht. Ich war Gott noch nie so nah, so vertraut mit Ihm. Ich sah Gott zwar nicht, aber ich fühlte Ihn in mir und um mich herum. Das Paradies, die Heiligen, die heiligen Geister, alles war in Reichweite. Um acht Uhr abends ging ich zu Bett, zog die Decke mit dem Kreuz über mich... Das Zeichen... Ich betete... Der Traum kam nicht auf meine Augen. Die Uhren waren in der Nacht noch lauter. Ich zählte, zehn... Eine Weile später ging das Licht in der Zelle an. Ich schloss meine Augen ... nun würden sie mich rufen... Der Schlüssel im Schloss...

(…)

„Dein Vater ist gekommen. Ihr dürft miteinander sprechen, aber nur über familiäre Dinge. Nichts über das Verfahren.", fügte der zuständige Unterleutnant hinzu und brachte mich in die Kanzlei. Mein Vater saß da und weinte. ... Ich hatte ihn nie weinen gesehen. Ich ging zu ihm hinüber und küsste ihn: „Warum weinst du?", sagte ich lächelnd.

„Was wird aus deiner Mutter, wenn sie das hört?", brachte er unterdrückt hervor.

Ich verstand mehr, als diese Worte ausdrückten. Seelenruhig und gelassen sagte ich ihm:

„Mein Gewissen ist rein, ich bin unschuldig, sei auch du beruhigt!"

„Du darfst darüber nicht sprechen, sondern nur über familiäre Dinge!", hörte man mehrere Offiziere, die unser Treffen beobachteten, sagen.

„Ich habe die Wahrheit gesagt" antwortete ich standhaft.

„Warum meldest du dich nicht? Lange Zeit hast du nicht geschrieben. Du weißt, wie deine Mutter ist...", sagte mein Vater.

„Sie haben es mir verboten."

„Sie durften sich melden", berichtigte der dienstzuständige Unterleutnant.

„Sie haben es mir verboten", wiederholte ich.

„Du bekommst Papier, dann kannst du schreiben."

„Das will ich und zwar sofort. Ich werde meinem Vater einen Brief an meine Mutter übergeben."

(…)

Sofort gab ich meinem Vater den Brief an die Mutter (*Pater Ivan schrieb ein Briefchen mit leeren Worten, wie es ihm erlaubt worden war*)... Wir plauderten ein bisschen mehr und nahmen Abschied. So sehr mir das Bild meines Vaters in Tränen vor Augen blieb, umso mehr fühlte ich meine Seelenruhe und mein Glück nach diesem Treffen mit meinem Vater und dem Brief an meine Mutter. Fünf Jahre später, als ich aus dem Gefängnis entlassen wurde und meine Familie wieder traf, erfuhr ich, dass mein Vater seit diesem Treffen mit mir eine Lesebrille getragen hatte, dass er kurz vor meiner Ankunft in der Kanzlei ohnmächtig geworden war und dass sie ihn mit einem Wasserguss wieder zúm Bewusstsein hatten bringen müssen. Wie hätte es auch anders sein können? Er war von Kaserne zu Kaserne gegangen, bis er mich fand. Und das ging nicht reibungslos vonstatten: hier war ich nicht, ich war abgereist, ich war gewesen... Mein Vater würde auf der Schwelle sitzen und diese Sätze ständig wiederholen. Vielleicht würde ich ja nicht mehr am Leben sein. ... Und als er schließlich alle Herzen erweicht hat, bekam er ohne Vorbereitung und Einfühlung zu hören: "Sie werden ihn sehen, aber Sie dürfen nichts miteinander besprechen außer familiäre Dinge, denn er ist zum Tode verurteilt worden." Mein Vater brach zusammen wie abgemäht.

Es waren nicht einmal zwei Tage vergangen, als der Wächter wieder kam, um mich zu holen:

„Du hast Besuch."

Ich kam und sah meiner Vater, meine Mutter und meine Schwester Jele. Der Vater hatte ihnen sofort ein Telegramm geschickt. Meine Mutter war heiter, seelenruhig, ja sie hatte ein Lächeln im Gesicht!

„Bravo, Mutter! Siehst du, Vater, sie ist stärker als du! So muss es sein!" Wir umarmten uns.

„Mein Sohn, wenn ich sehe, dass du seelenruhig bist, dann bin ich es auch."

(…)

Aus Belgrad traf die Entscheidung über meine Beschwerde ein. Einige Strafurteile wurden bestätigt, einige abgemildert, darunter auch das gegen Pater Ivan: von der Todesstrafe durch Erschießung zu fünf Jahren Gefängnis in Einzelhaft. Diejenigen, denen das Strafmaß gesenkt worden war, waren zufrieden. Pater Ivan war nicht zufrieden. Sein Gewissen war rein. Und auch nur ein Tag im Gefängnis wäre ungerecht gewesen. Von diesem falschen und ungerechten Gericht ersuchte er keine Begnadigung, sondern die Wahrheit und Gerechtigkeit.

Im Namen des Volkes… Oberster Gerichtshof in Belgrad… bestätigt das Urteil des Divisionsgerichts in Ljubljana, aber… Abänderung wegen… wie folgt:
„Peran Srecko (Pater Ivan), zu fünf Jahren Gefängnis und drei Jahren Verlust der Bürgerrechte... Ich denke, ich kann das nicht glauben... Er liest weiter: das Todesurteil gegen die beiden Flüchtigen wird bestätigt. Für die anderen wird es abgemildert... Nikola N. wird zu 20 Jahren Zuchthaus verurteilt ... das vorläufige Urteil, das von dem Divisionsgericht ausgesprochen worden ist, wird ebenfalls abgemildert..."
„Sind Sie zufrieden?", fragte der Major lächelnd.
Gromki: „Ja!"
Ich sagte nichts. Der Major fragte nach:
„Sind Sie zufrieden?"

Noch lauter: „Ja!" Ich sah, dass er diese Frage wegen mir wiederholt hat. Er schaute mich an und fragte mich:

„Und Du, Peran, bist du zufrieden?"

„Nein, denn ich fühle mich nicht schuldig. Ich werde mich weiterhin beschweren!"

„Dies ist die letzte Instanz", sagte er, „Du wirst dich noch im DOM als wertvoll herausstellen, und deswegen früher herauskommen. ... Und was glaubst du, wer dich gerettet hat?"

„Ich weiß, was Sie denken, und das werde ich auch sagen: Gott wollte es so!"

„Ich habe erwartet, dass du das sagen wirst. Führt sie in die Zellen und um 11:00 Uhr dürfen sie sich mit ihren Familien treffen."

Wir kehrten um 11:00 Uhr zurück. Unsere Familien waren dort. Sie hatten alles bereits erfahren. Uns empfingen Freude, Ströme von Freudentränen. Die einen wurden von ihren Eltern empfangen, die anderen von ihren Ehefrauen. Wir waren alle in der großen Halle. Was meine Mutter bisher unterdrückt hatte, brach nun durch und brachte ihr Erleichterung. Mein Vater erklärte den heutigen Tag, den 30. Oktober, sofort zum Feiertag der Familie. Und als fünf Jahre im Gefängnis erwähnt wurden, winkte er mit seiner Hand ab: die Hauptsache ist, dass es nicht das eine ist...! Sie berichteten mir, was sie sofort unternommen hatten für den Fall, dass meine Beschwerde abgewiesen werden würde: Die Mutter war zu meinem Cousin Srećko in Split gegangen. Er war Kommunist, ein mächtiger. Meine Eltern hatten ihn vor dem Tod gerettet, als die Italiener ihn während der Besatzung gesucht hatten. „Mir ist alles bekannt", sagte er, „Srećko soll sein Gewand (die Mönchskutte) ausziehen und er wird sofort eine Anstellung bekommen, und ein gutes Gehalt!"

Meine Mutter hatte ihn angesehen und gesagt: „Sag du ihm das, denn ich würde ihn lieber tot sehen, als das zu tun. Er hatte über meine "Schuld" Bescheid gewusst, aber nicht einmal den kleinen Finger gerührt. Meine Schwester Vinka war mit einem Brief von meinem Vormund vom Poljud zu Bischof Jerom Mileti nach Šibenik, Leonardo Mihalić, gegangen. Der Bischof war ein guter Mensch und wurde von Leuten in der Regierung geschätzt. Deswegen hatte er darum gebeten, bei der Begnadigung zu vermitteln. „Aber jetzt ist es nicht mehr nötig", sagte mein Vater zufrieden und er fügte hinzu: „Ich habe einen Antrag beim Vorstand gestellt für den Fall, dass deiner abgelehnt worden wäre. Unter uns in der Halle ging der Vorstand Major Stanko K. lächelnd umher und näherte sich den Gruppen. Kommen Sie und besuchen Sie auch uns. Er hatte meine Eltern bereits gut kennengelernt. „Jeden Tag kamen sie, um zu fragen, ob etwas aus Belgrad angekommen war!", sagte er und fügte hinzu: „Wissen Sie, dass Ihr Sohn mit der Antwort aus Belgrad unzufrieden ist?"

Die Eltern lächelten in dem Glauben, dass er scherzte.

„Das ist wahr", sagte ich, denn ich fühle mich überhaupt nicht schuldig. Jetzt, da alles vorbei ist," fügte ich hinzu, „wie konnten Sie jenes Urteil fällen, Herr Genosse Major?"

Er lächelte wie immer:

„Du weißt doch, dass das Urteil nicht ich gefällt habe."

Jetzt war mir alles klar. Das dachte ich mir bereits. „Die Partei hatte so entschieden." (S. 104-107)

So ertrug Pater Ivan Peran alles in diesen schrecklichen Augenblicken. Für ihn wie für sein Vorbild Kardinal Alojzija Stepinac waren und blieben diese schrecklichen Augenblicke immer auch Zeichen für die große Barmherzigkeit Gottes. Letztlich wurde Kardinal Alojzija Stepinac bereits von der katholischen Kirche seliggesprochen, und für Pater Ivan Peran ist ein weiterer „gerichtlicher Prozess" anhänglich: das Verfahren zur Seligsprechung. "Die göttliche Wahrheit ist langsam, aber erreichbar", sagt der Volksmund. Das kommunistische Regime ist inzwischen zu seiner Schande in den Abgrund der Geschichte der Menschheit gefallen.

Beide erwähnten Personen wie auch viele andere, unschuldig zum Tode Verurteilte, Erschossene oder Eingesperrte, reihen sich ein unter die Märtyrer, die wie ihr Lehrmeister Herr Jesus gefoltert und getötet worden sind, ihren Peinigern aber verziehen haben. Deswegen sind und bleiben heilige Männer die Leuchtfeuer der Menschheit.

Bis zu den Ereignissen, die zur Verurteilung zum Tode durch Erschießung führten, war Pater Ivo ein guter Mönch und Priester im gewöhnlichen Sinne des Wortes. Seit diesen Ereignissen kann er als ein Gläubiger, Mönch und Priester gelten, der sich in Gottes Weinberg abreagiert hat. Sein erst kürzlich verstorbener Kollege, Pater Mavro Velnić, ein Mitglied derselben franziskanischen Ordensprovinz, legte folgendes Zeugnis über ihn ab: "Unzerbrechlich wie der Hl. Ignatius von Antiochien war er bereit, das Weizenkorn im kommunistischen Mahlwerk zu sein, um Christi Brot zu backen." Obwohl "er nicht wie Saulus ins Gefängnis ging, kehrte er als wahrer Apostel Paulus aus dem Gefängnis zurück, erfüllt von dem Eifer für das göttliche Anliegen und die franziskanischen Ideale der Armut, Demut und Einfalt" (Zeugenaussage vom 16. Februar 2009, aufbewahrt in den Archiven der Vizepostulatur).

*Seitdem der Gekreuzigte
vor dem Menschengericht
den Rechtsstreit verlor,
hat vor Menschenurteil,
ganz gleich welchem,
meine Seele
keine Angst
mehr.*

*(Pater Ivo Peran,
aus dem poetischen Nachlass)*

Beerdigungsfeier von P. Ivan Peran,
Košljun, am 14. September 2003

Gebet für die Seligsprechung des Gottesdieners Pater Ivan Peran

Allerhöchster, Allmächtiger, lieber Herr, unser himmlischer Vater,
Dein Knecht Pater Ivan Peran
ertrug im Eifer des Glaubens, völlig unschuldig,
die Verurteilung zum Tode durch Erschießung,
bereit, mit Christus auch in den Tod zu gehen.
Nach der Begnadigung und dem Gefängnisaufenthalt,
offen für die Gaben des Heiligen Geistes,
hinterließ er die Spuren eines heiligen und freudigen Lebens
in Erfüllung seiner Pflichten als Mönch und Priester.
Lasse Dich herab, allerhöchster Vater, Deinen Diener Ivan
als Seligen mit dem Glanz der Kirche zu segnen
und gewähre uns, seinem Beispiel folgend,
freudige Zeugen des Evangeliums Christi zu sein.
Durch denselben Christus, unseren Herrn. Amen.

Grab von P. Ivan Peran in der Kirche von Košljun, hinter dem Hauptaltar; Bronzenrelef: A. S. Zvjagin, 2013

Mit Genehmigung des Erzbischöflichen Ordinariats in Split dürfen Sie das obenstehende Gebet im Anliegen dir Seligsprechung des Gottesdieners Pater Ivan Peran nutzen.

Ihre spirituellen Erfahrungen und erhaltenen Gnaden können Sie uns unter der nachstehenden Adresse der Vizepostulatur in Split mitteilen.

Kleine Bilder und Faltblätter (mit einem kurzen Lebenslauf) verschenken wir gerne auf Anfrage.

Informationen und Bestellungen der Bücher über den Diener Gottes richten Sie bitte an die unten angegebene Adresse der Vizepostulatur oder auch an:

Košljun Franziskanerkloster, HR-51521 Punat, Kroatien, Tel. 051/854-017

Ihre Spenden zur Deckung der entstehenden Kosten für die Seligsprechung des Dieners Gottes nehmen wir mit aufrichtiger Dankbarkeit an.

INHALT

VORWORT 5

KURZER LEBENSLAUF 7

DIE GEHEIMNISSE
DES PATER IVAN PERAN
– SEIN WEG ZUM HEILIGEN 17
    Jesus – die Feuerstelle der Seele 19
    Eucharistischer Jesus 21
    Offenbarung der ungeahnten Schönheit Gottes
    in der Bibel 24
    Der innere Weg zur Heiligkeit 24
    Verzauberung durch die Sprache
    der göttlichen Natur 29
    Gottes Geschenke anderen in Freude schenken .30
    Erhaltung der Berufung in ursprünglicher
    Reinheit 31
    Sinn und Schönheit der Berufung
    zum Mönch und Priester 35

KOMMUNISTISCHE SZENARIEN DER
VERURTEILUNG ZUM TODE ODER
PATER IVAN PERAN BEI DER GRÖSSTEN
PRÜFUNG SEINER HEILIGKEIT 37
    Novo Mesto, Mittwoch, 4.6.1947 39
    Donji Logatec, Ende Juni 1947 44
    Gornji Logatec - Ljubljana,
    Mitte September 1947 47
    Ljubljana, Zelle Nr. 18,
    23. September – 30. Oktober 1947 52
    Gebet für die Seligsprechung des
    Dieners Gottes Pater Ivan Peran 66

Vizepostulatur zur Seligsprechung
des Gottesdieners Pater Ivan Peran,
Franziskanerkloster Poljud,
Poljudsko šetalište 2, HR-21000 SPLIT,
Kroatien, Tel. 021/380713
Impressum: Pater Bernardin Škunca,
Vizepostulator